AF313436

MEUBLES & SIÈGES

Anciens et de Style

OBJETS D'ART

ET D'AMEUBLEMENT

TABLEAUX ANCIENS & MODERNES

De toutes Écoles

VENTE

HOTEL DROUOT, SALLE N° 1

LE MERCREDI 3 JUIN 1914

à deux heures

<table>
<tr><td>Me RENÉ LYON
COMMISSAIRE-PRISEUR
29, rue Le Peletier</td><td>M. H. LEROUX
EXPERT
52, rue du Faubourg-Montmartre</td></tr>
</table>

EXPOSITION PUBLIQUE

Le Mardi 2 Juin 1914, de 2 heures à 6 heures

CONDITIONS DE LA VENTE

Elle sera faite au comptant.

Les adjudicataires paieront *dix pour cent* en sus des enchères.

Paris. — Imp. de l'Art, Ch. Berger, 41, rue de la Victoire.

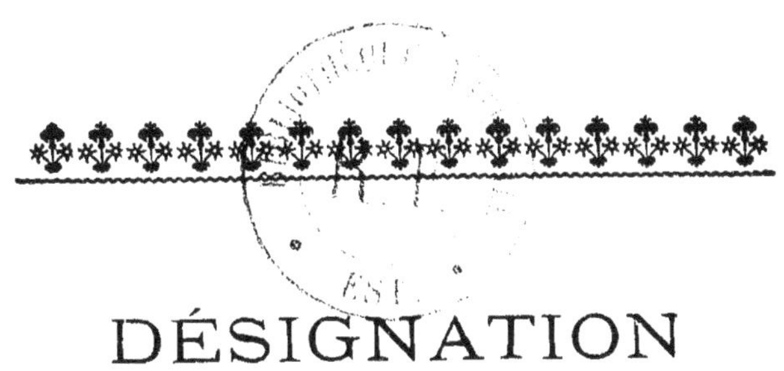

DÉSIGNATION

MEUBLES

1 — Ameublement de salon, composé de deux canapés et de quatre fauteuils en bois sculpté et doré, de style Louis XVI, recouverts en tapisserie d'Aubusson fond vert, à fleurs.

2 — Ameublement de salle à manger, de style Renaissance, composé d'un grand buffet et et d'une panetière sculptés à chimères, d'une table de milieu, de six chaises et de deux fauteuils garnis en cuir.

3 — Table en bois sculpté, rehaussée d'or, à dessus de marbre vert de mer.

4 — Ameublement de chambre à coucher, de style Louis XVI, en acajou, orné de bronzes.

5 — Paravent à trois feuilles en soie brochée à fleurs; monture en peluche mousse.

6 — Écran en noyer et tapisserie.

7 — Guéridon, de style chinois, en bois de fer, à dessus de marbre.

8 — Petit canapé, recouvert en satin noir à fleurs.

9 — Chaise basse en noyer, garnie en étoffe brochée à rayures.

10 — Chaise, de style Henri II, recouverte en tapisserie.

11 — Fauteuil d'encoignure en noyer sculpté. Travail italien.

12 — Ameublement de salle à manger, de style Henri II, en noyer sculpté et à moulures, composé d'un buffet, d'un dressoir, d'une table de milieu, et de six chaises garnies en cuir.

13 — Table de salon en palissandre sculpté.

14 — Piano d'*Erard*.

15 — Deux bibliothèques d'encoignure en bois sculpté et peint en gris.

16 — Deux bibliothèques à deux portes en bois sculpté et peint en gris.

17 — Deux fauteuils confortables en granité.

18 — Pouf, recouvert en broderie turque.

19 — Encoignure en marqueterie de bois.

20 — Ameublement de salon, de style Louis XVI, composé d'un canapé, de deux fauteuils et de quatre chaises en noyer sculpté et ciré, recouverts en étoffe fantaisie.

21 — Console en bois de placage. Époque Louis XIV.

22 — Table de nuit ancienne en bois de placage.

23 — Toilette en marqueterie. Époque Louis XIV.

24 — Petit chiffonnier ancien en érable.

25 — Ameublement de salon, de style Louis XVI, en bois sculpté et doré, composé d'un canapé et quatre fauteuils, garnis en tapisserie d'Aubusson à fleurs.

26 — Console, d'époque Louis XVI, en bois sculpté et doré, à dessus de marbre.

27 — Guéridon-bouillotte en acajou.

28 — Petite commode, de style Louis XV, en marqueterie à fleurs.

29 — Méridienne en acajou sculpté à cols de cygne, de style Empire.

30 — Petite commode en acajou, de style Louis XVI.

31 — Horloge ancienne en chêne sculpté.

3₂ — Toilette en noyer ciré, de style Louis XVI, à dessus de marbre rouge.

33 — Petit fauteuil de coin, en noyer et étoffe brodée.

3₄ — Paravent à deux feuilles ; monture en noyer.

35 — Ameublement de chambre à coucher en palissandre et bois de rose, et sa literie.

36 — Porte-manteau en chêne sculpté.

37 — Quatre escabeaux en noyer sculpté et leurs coussins.

38 — Statuette de nègre, formant support, en noyer sculpté. Travail italien.

39 — Banquette Henri II en chêne.

40 — Glace à trois panneaux en bois laqué blanc.

41 — Deux supports, de style chinois, en bois noir sculpté.

42 — Cartel en chêne sculpté ; de style flamand, orné de cuivres.

43 — Ameublement de chambre à coucher en noyer ciré.

TABLEAUX
ANCIENS ET MODERNES
AQUARELLES
DESSINS, GRAVURES

44 — AMBROISE. Panier de fruits.

45 — AMBROISE. Lac dans les montagnes. Aquarelle.

46 — AMBROISE. Effet de soleil sur un lac. Aquarelle.

47 — AMBROISE. Lever de soleil sur un cours d'eau dans la montagne. Aquarelle.

48 — AMBROISE. Orage sur un lac. Aquarelle.

49 — AMBROISE. Paysage avec cours d'eau. Aquarelle.

5o — AMBROISE. Vue d'un lac. Soleil couchant. Aquarelle.

5 1 — AMBROISE. Paysage avec lac. Aquarelle.

5 2 — AMBROISE. Paysage montagneux avec cours d'eau. Aquarelle.

53 — ANGLADE. Paysage.

54 — BOMPARD (Maurice). Le Réveil. Paravent à trois feuilles.

55 — BRETON (Émile). Chevaux à l'abreuvoir.

56 — BREUGHEL (Johann), 1589-1643. Marche d'armée.

57 — BREWER (M.). Automne en Amérique.

58 — BRISSOT (Attribué à). Paysage avec cours d'eau.

59 — CADORINI (E.). Le Rialto.

60 — CONSTABLE (Genre de). Le Vieux moulin.

61 — DUMINY (B.). Roses dans un vase.

62 — DROLLING (M.), 1786-1851. Mercure et Orphée.

63 — ÉCOLE FLAMANDE (XVIIe siècle). Saint dans la campagne.

64 — ÉCOLE HOLLANDAISE (XVIIe siècle). Scène historique.

65 — ÉCOLE HOLLANDAISE (XVIIe siècle). Paysage animé.

66 — ÉCOLE ITALIENNE. Paysage. Pastel.

67 — ÉCOLE ITALIENNE. Nature morte. Pastel.

68 — EDWARDS (W.). Paysage. Aquarelle.

69 — ÉCOLE MODERNE. Deux natures mortes :
Tranches de melons et Oranges.

70 — FACHLEIN. Vieux château en Haute-Savoie.

71 — FRANCK. Salomé.

72 — LIGNY (H. DE). Paysage. Aquarelle.

73 — MADELEINE LEMAIRE. Fleurs et raisins.
Peinture.

74 — MADELEINE LEMAIRE. Œillets dans un pot.
Aquarelle.

75 — MINOGGIO (J.). Roses et cerises.

76 — MONTFALLET. Pastorales. Deux tableaux.

77 — MOUJON-CAUVIN. L'Hôpital Saint-Louis.

78 — PALIZZI. Moutons.

79 — PEZANT (Aimé). Vaches au pâturage.

80 — PILS. Voltigeur de la garde.

81 — ROSA (Salvator), 1615-1673. Paysage.

82 — SWANEVELT (Herman Van). Personnages
dans un paysage. Deux pendants.

83 — TEN-CATE. Entrée de village en Bretagne.

84 — Ten-Cate. Trois dessins. Esquisses.

85 — Verdussen (J.-P.). Convois militaires. Deux pendants.

86 — École du xviiie siècle. Le Grenier. Pastel.

87 — École du xviiie siècle. Portrait de Femme Louis XVI. Pastel.

88 — École du xviiie siècle. L'Offrande à l'amour. Pastel.

88 *bis* — École française (xviiie siècle). Scène d'intérieur.

OBJETS D'ART

CURIOSITÉS

89 — Enfant à la chaise. Statuette en marbre de Carrare, par Rosi.

90 — Enfants pêchant. Groupe en marbre de Carrare.

91 — Amour naufragé. Statuette en marbre de Carrare, par Rosi.

92 — Baigneuse, d'après Falconet. Statuette en marbre de Florence.

93 — Buste d'enfant en marbre, d'après Falconet.

94 — Semeuse. Statuette en marbre polychromé, par Lombardet.

95 — Tigre couché en marbre polychromé.

95 *bis* — Vestale. Statuette en bronze, par Barreau.

96 — Le Repos du modèle. Statuette en bronze, par Beer.

97 — La Baigneuse d'Allegrain. Buste en bronze.

98 — Equilibriste. Statuette en bronze.

99 — Importante garniture de cheminée, de style Louis XVI, en porcelaine décorée à figures et bronze doré; composée de deux candélabres à neuf lumières et d'une pendule flanquée et surmontée de figures d'enfants.

100-101 — Deux statuettes en bronze : Le Boléro et le Fandango, par LAVERGNE.

102 — Paire de flambeaux, de style russe, en bronze argenté.

103 — Petit coffret en bronze, à figures en relief.

104 — Violoncelle de *Chappuy*.

105 — Autre violoncelle.

106-107 — Deux violons et un archet.

108 — Glace Louis XV, cadre brodé à fleurs.

109-110 — Paire de vases en faïence hollandaise : Marines par effet de nuit.

111 — Ménagère en porcelaine de Dresde.

112 — Corbeille en porcelaine de Dresde.

113 — Paire de vases en bronze japonais.

114 — Paire de grands vases en porcelaine de
la Chine, décor de paysages en bleu.

115 — Paire de grandes potiches en porcelaine
de la Chine, décor de fleurs en blanc sur
fond bleu.

116 — Mousmé en porcelaine du Japon, à décor
polychrome.

117 — Paire de grands vases en émail cloisonné
du Japon polychrome et or.

118 — Bouddha en grès de Bizen.

119 — Enfant en tambourin. Statuette en porcelaine du Japon.

120 — Paire de grands vases en porcelaine du
Japon, à décor bleu.

121 — Importante garniture de cheminée en
bronze doré, composée d'une pendule surmontée d'un sujet : Flore et l'amour, et de
deux candélabres : cariatides de femmes sup-
portant des bouquets de lumière; à l'électricité.

122 — Galerie de foyer en bronze doré.

123 — Grand lustre à l'électricité en bronze doré et cristaux.

124 — Deux appliques en bronze doré et cristaux.

125 — Jardinière en porcelaine de Saxe ; monture en bronze. Style rocaille.

126 — Deux grandes lampes en porcelaine de Chine, montées en bronze ; à l'électricité.

127 — Coupe en porcelaine de Chine, montée en bronze doré.

128 — Paire de potiches en porcelaine de Chine, décor à personnages.

129 — Paire de vases en porcelaine de Chine bleu turquoise.

130 — Fusil marocain.

131 — Fusil ancien japonais.

132 — Deux pistolets arabes.

133 à 135 — Deux sabres et un poignard japonais.

136 — Coffret en bois de teck en métal argenté et gravé. Travail japonais.

137 — Vase en faïence de Satsuma, décor à personnages.

138 — Six masques japonais en bois sculpté et laqué.

139 — Garniture, composée d'une coupe ovale et de deux jardinières en porcelaine décorée, genre Sèvres, et montées en bronze.

140 — Deux vases et une buire en faïence jaspée de Vallauris.

141 — Deux jardinières en porcelaine d'Imari, à décor polychrome.

142 — Vase en porcelaine du Japon, monté en bronze.

143 — Paire de flambeaux en faïence marocaine.

144 — Encrier en faïence de Talavera, décor d'animaux.

145 — Coupe en faïence de Talavera, décor taureau et arabesques.

146 — Boîte à bijoux et plumier en faïence de Talavera.

147 — Jardinière en barbotine.

148 — Paire de petites potiches en porcelaine de Chine, décor polychrome.

149 — Ibis en grès émaillé de la Chine.

150 — Paire de potiches en émail cloisonné, fond vert, à décor de fleurs.

151-152 — Deux brûles-parfums en émail cloisonné polychromé et or.

153 — Deux boîtes à thé en porcelaine de Nara.

154 — Coupe à fruits en porcelaine de Vienne.

155 — Deux brûle-parfums en porcelaine de Vienne.

156-157 — Deux boîtes à toilette en métal argenté et gravé.

158 — Paire de vases, forme gourdes, en porcelaine de Chine, décor bleu à personnages.

159 — Garniture de cheminée en bronze, de style Louis XVI.

160 — Jardinière en faïence gros bleu.

161 — Pare-étincelles-éventail en bronze doré.

162 — Jardinière en terre cuite. Modern-style.

163 — Bouddha. Statuette en bois sculpté, sur socle en bois noir.

164 — Panneau en laque rouge, à personnages. Travail siamois.

165 — Panneau siamois : scènes familiales. Cadre laque rouge.

166 — Miroir de Venise.

167 — Coupe en terre cuite fond vert : Naïades.

168 — Petit panier en porcelaine de Saxe, à fleurs en relief.

169 — Grande coupe en porcelaine du Japon; monture en bronze.

170 — Groupe : Personnages Louis XVI en porcelaine allemande.

171-172 — Deux petits bustes: Electeurs de Saxe.

173 — Corbeille en porcelaine de Nankin, à personnages.

174 — Vase à fleurs en porcelaine de Nankin, à personnages.

175 — Paire de vases en émail cloisonné bleu turquoise.

176-177 — Deux brûle-parfums en bronze du Japon, forme lotus.

178 — Paire de cornets en porcelaine de Chine, bleu fouetté, à réserves de fleurs.

179 — Amour messager. Statuette en bronze, par BRICHOT.

180 — Flambeau de bouillotte en bronze argenté, de style Louis XVI.

181 — Jardinière en porcelaine de Chine, fond jaune, à décor de fleurs.

182 — Paire de vases en porcelaine de Chine, à décor de fleurs et d'oiseaux.

183 — Paire de cassolettes en émail lisse.

184 — Paire de petites potiches en Imari, à décor polychrome et or.

185 — Deux coffrets en émail.

186 — Guerrier. Statuette en bronze.

187 — Petit buste de femme en marbre.

188 — Vase en faïence à figures en relief.

189 — Voleur de cœurs. Statuette en bronze, par H. PLÉ.

190 — Paire de vases en porcelaine de Chine fond bleu fouetté, à réserves de fleurs.

191 — Tube en ivoire sculpté et gravé. Travail chinois.

192 — Marchands de fruits. Groupe en ivoire de morse. Travail japonais.

193 — Bûcheron. Statuette en ivoire de morse. Travail japonais.

194-195 — Six statuettes en ivoire : Métiers japonais.

196-197 — Douze netzukés.

198 — Italienne. Peinture sur porcelaine.

199 — Trois réchauds en métal argenté.

200 — Deux cadres en bois sculpté et doré, de style Louis XV.

201 — Cadre doré, de style Louis XVI.

202 — Trois assiettes en ancienne porcelaine du Japon.

203 — Quatre assiettes en ancienne faïence de Nevers.

204 — Deux assiettes en porcelaine de Chine.

205 — Deux statuettes en porcelaine de Saxe.

206 — Lot de six gravures. (Sera divisé.)

207 — Lot de trois coussins en tapisserie et broderie.

208 — Lot de quatre coussins brochés.

209 — Lot de cinq coussins.

210 — Grand tapis persan.

211 — Tapis d'Orient, fond havane, à bordure
blanche.

212 — Grand tapis persan.

213 — Grand tapis persan.

214 — Quatre grands rideaux de fenêtres en
étoffe fantaisie.

215 — Quatre grands rideaux de fenêtres en soie
brochée.

216 — Deux cantonnières en tapisserie d'Aubusson et leurs galeries en bois doré.

217 — Deux décors de portes à l'italienne en
tapisserie d'Aubusson et en brocart.

218 — Garniture de fenêtre en brocart à l'italienne.

219 — Garniture de quatre portes en peluche de lin avec bandeaux.

220 — Encadrement de fenêtre en peluche rouge brodée, avec rideaux en soie à rayures.

221 — Deux grands rideaux de fenêtres en taffetas.

222 — Grande carpette en tapisserie d'Aubusson.

223 — Sous ce numéro seront vendus les objets omis au Catalogue.